CATALOGUE

D'OBJETS D'ART

CURIOSITÉS

TABLEAUX

DESSINS ET MINIATURES

Dépendant de la Succession de M. LATAPIE, décédé, Md de Curiosités, à Paris

Et en vertu d'ordonnance de M. DANIEL, Juge au Tribunal
de Commerce de la Seine

DONT LA VENTE AURA LIEU

RUE DE RIVOLI, N° 58

Au coin de la rue St-Florentin (HÔTEL TALLEYRAND)

Les Jeudi 7, Vendredi 8, et Samedi 9 Décembre 1854, à midi

Par le ministère de Me **DANTHONAY**, Commissaire-Priseur,
rue de la Michodière, 5.

Et Me **THIBAULT**, Commissaire-Priseur,
rue d'Enghien, 23,

Assistés, pour les Tableaux, de M. **DEFER**, Expert,
quai Voltaire, 21,

Et pour les Curiosités et Objets d'art, de M. **ROUSSEL**, Expert,
rue Neuve de l'Université, 5,

Chez lesquels se distribue le présent Catalogue

EXPOSITION PUBLIQUE

Les huit jours qui précéderont la vente, de midi à 4 heures.

PARIS

MAULDE & RENOU

IMPRIMEURS DE LA COMPAGNIE DES COMMISSAIRES-PRISEURS
Rue de Rivoli, 144.

1854

CATALOGUE

D'OBJETS D'ART

CURIOSITÉS

TABLEAUX

DESSINS ET MINIATURES

Dépendant de la Succession de M. LATAPIE, décédé, Md de Curiosités, à Paris

Et en vertu d'ordonnance de M. Denière, Juge au Tribunal de Commerce de la Seine

DONT LA VENTE AURA LIEU

RUE DE RIVOLI, N° 58

Au coin de la rue St-Florentin (HOTEL TALLEYRAND)

Les Jeudi 7, Vendredi 8 et Samedi 9 Décembre 1854, à midi

Par le ministère de Me **DANTHONAY**, Commissaire-Priseur,
rue de la Michodière, 5,

Et Me **THIBAULT**, Commissaire-Priseur,
rue d'Enghien, 23,

Assistés, pour les Tableaux, de M. **DEFER**, Expert,
quai Voltaire, 21,

Et pour les Curiosités et Objets d'art, de M. **ROUSSEL**, Expert,
rue Neuve de l'Université, 5,

Chez lesquels se distribue le Catalogue.

EXPOSITION PUBLIQUE

Les huit jours qui précéderont la vente, de midi à 4 heures.

1854

CONDITIONS DE LA VENTE

Elle sera faite au comptant.

Les acquéreurs paieront, en sus des adjudications, CINQ centimes par franc, applicables aux frais.

ORDRE DE LA VENTE

Les Jeudi 7 et Vendredi 8 Décembre 1854 : les Objets d'art et Curiosités.

Le Samedi 9 Décembre 1854 : les Tableaux, Gravures, etc.

DÉSIGNATION

DES OBJETS.

I. — MEUBLES.

1 — Grand Meuble formant cabinet en marqueterie
de bois, à fleurs du temps de Louis XIII. La
partie supérieure est garnie d'un grand nombre de tiroirs, avec petit cabinet au centre. La
partie inférieure garnie de tablettes intérieurement, est fermée par deux ventaux.

2 — Une Commode en marqueterie de bois et
ivoire, à fleurs. Le dessus marqueté en plein,
avec ornements en bronze.

3 — Un grand Bureau à quatre faces, du temps de
l'Empire, en bois d'acajou, avec grand nombre
de tiroirs et ornements en bronze doré.

4 — Quatre Fauteuils en acajou, du temps de l'Empire, garnis en étoffe et ornements en bronze
doré.

5 — Joli petit modèle de Commode, marqueterie de bois à fleurs et oiseaux, du temps de Louis XV.

6 — Pendule en marqueterie, cuivre et écaille rouge, richement garnie de bronzes dorés, du temps de Louis XIV.

7 — Autre Pendule, même style et même époque, également garnie de bronzes dorés.

8 — Deux Armoires d'applique à hauteur d'appui, en bois sculpté et fermant à deux ventaux.

9 — Petite Table en bois verni, filets de cuivre incrusté.

10 — Armoire plaquée en bois de rose, fermant à deux ventaux, garnie de bronze rocaille en couleur.

11 — Une Armoire à hauteur d'appui, fermant à deux ventaux, marqueterie de Boule et écaille rouge, ornée de bronze, tablettes en marbre noir.

12 — Un Secrétaire du temps de Louis XV, plaqué en bois de rose, garni de bronze avec plaque en porcelaine fond bleu turquoise. Sujet pastoral.

13 — Petite Commode, marqueterie de bois à fleurs, dessus en brèche d'Alep.

14 — Une Pendule avec socle, du temps de Louis XV,
plaquée en bois de rose. garnie de bronze rocaille. Mouvement de Causard, horloger du roi
suivant la cour.

15 — Pendule de bureau en bois verni. garnie de
bronze du temps de Louis XIV.

16 — Une Table de Trictrac en acajou, garnie de
bronze, avec son jeu en ivroire.

17 — Petit modèle de Secrétaire à cylindre, en
marqueterie de bois de diverses couleurs.

18 — Une Table formant étagère, en bois d'acajou
et avec montre vitrée au-dessus.

19 — Une petite Table à ouvrage en acajou, dessus
de marbre blanc et galerie de cuivre.

20 — Petite Etagère d'encoignure, en bois de rose
et garnie de cuivre.

21 — Deux petits Canapés-Causeuses du temps de
Louis XV, en bois peint.

22 — Six Chaises et deux Fauteuils pareils, en
bois, étoffe à raies bleues et vertes.

23 — Six Chaises de salle à manger, bois peint et
canne.

24 — Deux Armoires en bois de chêne sculpté.
ornées de cariatides et de mascarons, fermant
à deux ventaux vitrés et deux tiroirs en haut.

25 — Grande Armoire du temps de Louis XIV, en bois de placage, avec incrustations de bois de couleur, fermant à deux ventaux vitrés, ornée de bronze en couleur et garnie de tablettes intérieurement.

26 — Grande Console en bois sculpté, à quatre faces, du temps de Louis XIV. Les pieds formés d'enroulements et de cariatides.

27 — Un Meuble à hauteur d'appui, formant commode fermant à deux ventaux, avec moulures sculptées et cariatides. Le dessus garni en velours vert.

28 — Deux très grandes Armoires du temps de Louis XIII, en bois de noyer, à deux ventaux, ornées de moulures en fortes saillies, de colonnes torses, de mascarons en ornement divers sculptés. Ces deux beaux meubles sont remarquables par leur forme monumentale, la belle qualité du bois et leur belle conservation. A l'intérieur elles sont garnies de serrures et de charnières en acier poli très ouvragé.

29 — Meuble formant bureau, garni d'un grand nombre de tiroirs. Marqueterie de bois du temps de Louis XIII.

30 — Petit Meuble à tiroir, marqueté en Burgau et écaille. Travail oriental.

31 — Une Table dont la tablette supérieure offre
une imitation de mosaïque et de marbre d'é-
chantillons peints. Les pieds en tôle vernie
imitent des matières précieuses.

32 — Table à ouvrage en marquetrrie de bois de
couleur, galerie en cuivré.

33 — Un beau coffre oriental, incrustations de
Burgau sur fond laqué noir, rehaussé de dorures.

Le support est formé de cariatides à figures
de satyres en bois doré.

34 — Un grand Bahut en bois sculpté du XVIe siècle, orné de bas-reliefs et d'arabesques avec
cariatides aux angles.

35 — Une très grande Armoire du temps de
Louis XIV, fermant à deux ventaux pleins, en
bois de placage richement garni de bronze.

36 — Petit Coffre en galuchat gris, laqué et burgauté.

37 — Autre petit Coffre en laque de Chine noir
et or.

38 — Petit Bahut gothique en bois sculpté, orné
de ceps de vigne.

39 — Un petit Meuble à tiroirs, avec porte abat-
tante, avec incrustations d'ivoire.

40 — Une Glace du temps de Louis XIV, cadre à
compartiments et fronton, ornements d'un très
beau style, très riche en bois doré.

41 — Miroir du temps de Louis XIII, cadre à compartiments de glace ; ornements cuivre repoussé.

42 — Un petit Secrétaire du temps de Louis XV,
en bois laqué garni de bronze doré et plaqué
de bois de rose à l'intérieur, dessus en brèche
d'Alep.

43 — Petite Bibliothèque en bois laqué, à deux
portes vitrées dans le haut et pleines dans le
bas.

44 — Petit Meuble formant secrétaire en bois laqué garni de bronze, du temps de Louis XVI.

45 — Petite Table à ouvrage, marqueterie de bois
à damier, dessus en marbre blanc à galerie de
cuivre.

46 — Une Console-Etagère, marqueterie de bois
de rose, dessus en marbre blanc.

47 — Une autre Console du temps de Louis XVI,
bois d'acajou, bronze doré, tablettes en marbre blanc.

48 — Beau Piédestal en bois d'ébène, avec frise
en marqueterie de cuivre et étain, orné de
moulures.

49 — Deux Piédestaux formant gaînes en bois sculpté, peint et doré.

50 — Deux grandes Colonnes torses, à feuillages et chapiteaux en bois sculpté.

51 — Une très belle Frise formée d'arabesques d'un très beau style, bois sculpté du XVIe siècle.

52 — Commode du temps de Louis XVI, en placage, garnie de bronze doré, avec dessus de marbre.

53 — Quinze panneaux gothiques en bois sculpté, très riches d'ornements du XVIe siècle, provenant de stalles.

54 — Un grand Poêle en terre cuite, du temps de Louis XVI, richement orné de sculptures.

55 — Une Pendule-Régulateur en bois noir, du temps de Louis XIV, et garnie de bronze.

56 — Deux grandes figures d'anges en bois peint.

57 — Petite Console du temps de Louis XVI, en bois sculpté et doré, dessus en marbre brèche.

58 — Jolie petite Commode du temps de Louis XVI, marquetée en bois de couleur, garnie de bronze doré, dessus de marbre.

59 — Un Secrétaire, époque de Louis XVI, marqueterie de bois de couleur à paysage et figures, garni de bronze doré, dessus de marbre.

60 — Deux petites Armoires à une seule porte vitrée, en bois de rose, bronze doré.

61 — Grande Bibliothèque à deux ventaux vitrés,
plaquée eu bois de rose et garnie de bronze.

62 — Secrétaire du temps de Louis XV, marqueterie de bois à fleurs, garni en bronze et tablettes en marbre blanc.

63 — Autre Secrétaire du temps de Louis XV,
marqueterie de bois, garni de bronze rocaille,
tablettes en brèche d'Alep.

64 — Belle Commode du temps de Louis XIV, en
bois de placage, richement garnie de bronze,
dessus de marbre.

65. — Autre Commode du même genre.

66 — Petite Encoignure en bois laqué, garnie de
bronze rocaille, tablettes en brèche d'Alep.

67 — Cage dorée à mettre des oiseaux, très riche
d'ornements.

68 — Une Armoire à hauteur d'appui, à deux ventaux vitrés, bois sculpté, ornée de riches ba-
lustres et de mascarons à tête de lion.

69 — Deux Étagères en bois sculpté et doré, ré-
champies en blanc.

70 — Lanterne chinoise en bois de fer, à six pans,
ornés chacun de peintures sur verre, avec pen-
dentifs en émaux de couleurs.

71 — Autre lanterne chinoise semblable.

72 — Table à ouvrage en marqueterie de bois de rose à fleurs.

73 — Un fort Piédestal en bois d'acajou, pouvant servir de support à une statue.

74 — Petite Table vide-poche en acajou, avec moulures en cuivre.

75 — Une Armoire à hauteur d'appui fermant à deux ventaux vitrés, tiroirs au-dessus, en bois sculpté, orné de mascarons et de cariatides.

76 — Autre Armoire à peu près semblable.

77 — Une petite Console du temps de Louis XIV, bois sculpté et doré, avec tablettes formées d'échantillons de marbres d'Italie.

78 — Deux petites Commodes en bois de rose, garnies de bronze en couleur, dessus en brèche d'Alep.

79 — Un joli Coffret en marqueterie de trois parties sur fond d'écaille rouge.

80 — Grande et belle Pendule avec son socle en marqueterie de Boule sur écaille noire, très richement garnie de bronze.

81 — Un Secrétaire du temps de Louis XV, en bois de rose et marqueterie à fleurs en bois de couleur, garni de bronze, avec tablettes en marbre brèche d'Alep.

82 — Une très grande Commode du temps de Louis XIV, en bois de placage, très richement ornée de bronze doré.

83 — Une très grande Console en bois sculpté et doré, tablette en portor ornée de moulures.

84 — Un Bureau formant toilette, bois de placage, garni de bronze.

85 — Petite Console du temps de Louis XVI, en bois sculpté et doré, tablettes en marbre blanc.

86 — Une Cave à deux tabacs, en marbre brocatelle, ornée de sculptures très fines, du temps de Louis XV.

87 — Un beau Coffre à couvercle cintré, en laque burgauté et galuchat gris, garniture orientale en cuivre doré.

88 — Un petit Bureau formant toilette, en bois de rose, marqueterie à fleurs, garni de bronze.

89 — Un Meuble à hauteur d'appui, à trois portes pleines, en marqueterie de cuivre, première partie sur écaille noire, richement garni de bronze doré. La tablette de dessus, en marbre noir à moulures.

90 — Deux Guéridons du temps de Louis XVI, à pieds triangulaires, en bois sculpté et doré, et dessus en velours rouge.

91 — Un grand Bureau du temps de Louis XIV, en bois de rose, avec quart de rond et ornements en bronze.

92 — Deux Torchères à pieds triangulaires, surmontés de figures portant les tablettes. Le tout en bois sculpté et doré.

93 — Une Boîte à ouvrage en laqué de Chine, garnie de tous ses accessoires en ivoires.

94 — Une Ecritoire en bois de rose, garnie de bronze.

95 — Un Jeu d'échecs et de trictrac en laque de Chine, garni de toutes ses pièces en ivoire.

96 — Un très beau et grand Coffre formant cabinet, en laque de Chine burgauté, renfermant un grand nombre de tiroirs; et fermant à une seule porte à abattant. La garniture en bronze doré. Il est placé sur son pied en bois sculpté et laqué.

Cette belle pièce est remarquable par sa richesse et sa belle conservation.

97 — Jolie Boîte en laque du Japon, renfermant à l'intérieur divers compartiments et des tiroirs.

98 — Un Secrétaire du temps de Louis XVI, marqueterie de bois à fleurs avec trophée de musique, et garni de bronze doré. (La tablette du dessus manque.)

99 — Une très grande Console en bois sculpté et doré. Les pieds sont formés par des cariatides à têtes humaines et griffes de lion. Tablettes à moulures en marbre blanc.

100 — Quatre Torchères à cariatides formées par des figures de style égyptien. Bois sculpté et doré.

101 — Bureau du temps de Louis XV. Bois de placage garni de bronze. .

102 — Une petite Table à quatre faces, du temps de Louis XIV. Bois sculpté et doré. Le dessus en velours rouge.

103 — Un miroir à biseaux dans un cadre en bois, très richement sculpté et doré.

104 — Autre Miroir du même genre.

105 — Un grand et beau Cadre de glace, du temps de Louis XIII, en bois sculpté et doré.

106 — Un Cadre de glace du temps de Louis XIV, riche d'ornements avec mascarons et griffons ailés. Bois sculpté et doré.

107 — Un autre Cadre semblable.

108 — Quatre Cadres ovales, en bois sculpté et doré, riche d'ornement.

109 — Un autre Cadre ovale du temps de Louis XIII, bois sculpté et doré.

110 — Deux petites Consoles à culs-de-lampe, en bois sculpté et doré.

111 — Une Glace à biseaux dans son cadre sculpté et doré, d'une grande délicatesse de travail, avec attributs de chasse.

112 — Petite Pendule à tirage, dans sa boîte en
ébène, garnie de bronze doré.

113 — Deux petites Chaises en bois doré, non
garnies.

114 — Une Boîte carrée, marqueterie de bois à
fleurs, du temps de Louis XIII. Intérieur garni
en soie bleue.

115 — Une Table à ouvrage du temps de Louis XVI,
en marqueterie de bois à fleurs, le tiroir formant bureau, tablette en marbre blanc, galerie
de cuivre.

116 — Une petite Console en bois sculpté et doré.
La tablette manque.

117 — Une grande Commode du temps de Louis XVI,
en bois d'acajou, richement garnie de bronze
doré, dessus en marbre blanc.

118 — Deux Bibliothèques à hauteur d'appui, en
bois d'ébène incrusté de filets de cuivre, fermant à deux ventaux vitrés.

119 — Deux petites Etagères d'encoignures en
bois verni, à dessins chinois, fond vert, du
temps de Louis XV.

120 — Un Miroir à biseau, cintré dans le haut,
dans son cadre en bois sculpté et doré.

II. — BRONZES ET DORURES.

121 — Pendule style Louis XVI, en bronze doré, ornée de deux figures de guerriers. Socle en marbre blanc.

122 — Deux Candélabres style Louis XVI, figures de femmes portant des cornes d'abondance desquelles sortent des bouquets de fleurs à huit lumières, sur fûts de colonnes cannelées ornées de guirlandes.

123 — Pièce de Surtout de table en cristal taillé, et montée en bronze doré, avec figures dé femmes ailées en bronze au vert antique.

124 — Pendule du temps de Louis XVI, en bronze doré. Jeune fille tenant un miroir. Mouvement de Causard.

125 — Petite paire de Flambeaux du temps de Louis XVI, bronze doré, finement ciselés.

126 — Une autre paire de Flambeaux du même style, partie dorée, partie au vert antique.

127 — Deux Bustes d'enfant : Jean qui rit, Jean qui pleure, en bronze au vert antique, sur piédestaux ornés de dorures.

128 — Une paire de Bras rocaille à six lumières, en bronze doré.

129 — Un Brûle-Parfum en cuivre découpé à jours, repoussé et argenté, du XVIIe siècle.

130 — Deux Bas-reliefs en cuivre doré : le cou-
ronnement de la Vierge et un sujet mythologique.

131 — Horloge allemande en cuivre doré, dont le
mouvement est dans le socle, elle fait mouvoir
une statue équestre mécanique de style oriental.

132 — Cinq Plateaux en cuivre repoussé et argen-
tés, représentant des ornements et des sujets
divers. Travail allemand du XVIIe siècle.

133 — Statue de femme couchée, drapée et en-
dormie sur un lit de repos. Bronze au vert antique avec dorure, sur plinthe en griotte.

134 — Un Cheval en bronze florentin d'une fonte
légère. Piédestal en marqueterie.

134 — Une paire de Flambeaux rocaille en bronze
doré.

136 — Deux paires de Flambeaux Louis XV, en
cuivre argenté.

137 — Petite paire de flambeaux style Louis XVI,
en bronze doré et marbre blanc.

138 — Un Lustre flamand à seize lumières, en cuivre poli.

139 — Deux figures en bronze : l'une Vénus tenant
deux colombes ; l'autre Mercure d'après J. de
Bologne ; les piédestaux en marbre de Sicile.

140 — Deux petits modèles de Mortiers en bronze
avec leurs affûts en fer, du temps de Louis XIV.

141 — Grand Bas-relief en cuivre repoussé et argenté, la Sainte-Famille, cadre en cuivre doré.

142 — Un petit Lustre flamand en cuivre poli, à
huit lumières.

143 — Buste du roi Louis XVIII, grandeur natu-
relle, bronze au vert antique.

144 — Coffre en bronze au vert antique, style
Louis XV ; sur le devant un trophée d'instru-
ments aratoires, et sur le couvercle un enfant
jouant avec une chèvre.

145 — Un Chien assis, en bronze, le coussin doré.
Bronze ancien du temps de Louis XVI.

146 — Deux autres Chiens semblables surmoulés
sur le précédent.

147 — Mandarin Chinois assis. Bronze en partie
doré.

148 — Deux Statuettes bronze florentin : Jupiter
et Antinoüs. Piédestaux en bois.

III. — SCULPTURES EN MARBRE.

149 — Statue de Vestale debout et drapée, signée
Houdon, 1787. Cette pièce est très remarquable.

150 — Statue de Bacchus debout pressant des rai-
sins, et appuyé sur un tronc d'arbre auprès du-
quel est la panthère. Cette belle statue pro-
vient du Raincy.

151 — Un Buste de femme. Travail du XVIIe siècle.

152 — Deux Figures de femmes drapées, portant
des torches; une cassée.

153 — Un Groupe en marbre blanc : Vénus sur un
dauphin, l'Amour buvant. Ce beau groupe est
signé Bouchardon, 1752.

154 — Statuette de l'Amour debout, provenant du
Raincy.

155 — Buste de Coysvox, par lui-même.

156 — Autre Buste, Coustou, par lui-même (1716).

157 — Groupe plus fort que nature : Jupiter et
Léda, signé Etex (1830).

158 — Bas-relief, sculpture italienne : la Vierge
et l'Enfant-Jésus endormis.

159 — Buste d'Aristide, d'après l'antique.

160 — Statuette de l'Amérique.

161 — Appolline, grande statuette.

162 — Deux petits Bustes en albâtre, une cassée.

163 — Deux Gaînes en marbre veiné, ornées de
moulures très fines.

165 — Deux grandes Baiguoires en marbre de Dinan, dit *petit granit*, provenant de Neuilly.

166 — Un Piédestal en marbre blanc.

167 — Deux Coupes rondes évidées en brèche africaine.

168 — Un Saint en prière, en albâtre de Lagny, du XVIe siècle.

169 — Un Mortier de porphyre oriental.

170 — Un lot de Piédestaux ou Socles en marbre.

IV. — TERRES CUITES.

171 — Une jeune Fille pleurant un Oiseau.

172 — Deux Statuettes : Prêtre et Vestale près de l'autel.

172 — Un groupe de Trois Enfants tenant des guirlandes de fleurs, sur son piédestal également orné de guirlandes.

174 — Un charmant groupe : Bacchante et jeunes Enfants, signé Marin, 1792.

175 — Deux petites Statuettes : Zéphire et Flore (Sèvres), style de Falconnet.

V. — PORCELAINES DE SÈVRES, DE CHINE ET BISCUIT

176 — Une Garniture de cinq Vases, Potiches et Cornets. Porcelaine du Japon d'un décor très riche et rehaussée d'or.

177 — Deux grands Cornets en porcelaine du Japon décorée de fleurs, dont un cassé.

178 — Un Vase porcelaine du Japon à dessin bleu avec cage au pourtour, propre à contenir un oiseau.

179 — Quatorze grandes Assiettes porcelaine du Japon, dessins bleu et rouge rehaussés d'or.

180 — Quinze Plats, grands et petits, à pans, porcelaine de Chine, à dessins camaïeux rouges, avec deux petites Beurrières et leurs Plateaux pareils aux plats ; plus une grande Soupière.

181 — Deux Plats ronds, porcelaine du Japon décorée de fleurs rehaussées d'or.

182 — Trois Glacières, forme de cassolette, porcelaine blanche. Manque un couvercle.

183 — Seize Seaux à rafraîchir, grand et petit modèles, porcelaine blanche de Tournai.

184 — Une Soupière ronde avec son couvercle et un Plateau Porte-Burette ; porcelaine du Japou décorée de fleurs.

185 — Trois paires de Vases à pans, porcelaine de
Chine décorée à fleurs bleues.

186 — Deux grands Cornets, porcelaine de Chine
à dessins camaïeux bleus.

187 — Deux paires de Vases, forme tulipe, en porcelaine blanche de Tournai.

188 — Un Vase porcelaine de Sèvres, pâte dure,
vert olive, ornements dorés.

189 — Garniture de trois Vases, porcelaine blanche de Tournai, montés en bronze, non ter-
minés.

190 — Un très grand Vase en porcelaine de Chine,
dessins camaïeux bleus.

191 — Vingt pièces porcelaine de Chine et du Japon, tels que Théières, Sucriers, Soucoupes et
Couvercles.

192 — Quatre Pièces porcelaine de Chine, montées
en cuivre. Manque un pied.

193 — Une Garniture de trois Vases en porcelaine
d'Allemagne, fond blanc à dessins camaïeux de
fleurs.

194 — Soupière ovale en porcelaine de Saxe décorée de fleurs. Cassée.

195 — Un Vase à deux anses et un Plat à barbe,
en porcelaine du Japon.

196 — Onze grands Plats en porcelaine du Japon
décorée de fleurs.

197 — Trois Plats faïence à l'imitation de la porcelaine du Japon, à dessins camaïeux bleus.

198 — Deux vases et deux Cornets porcelaine céladon bleu empois, à dessins bleu foncé.

199 — Garniture de cinq Vases, Potiches et Cornets, porcelaine de Chine décorée de fleurs.

200 — Trois petites Pièces en porcelaine *à la Reine* d'un très joli dessin.

201 — Quinze Pièces porcelaines diverses, de Sèvres, de Chine et autres.

202 — Sept pièces grandes et petites : Tasses, Théières, Pot au lait, en porcelaine d'Allemagne décorée d'animaux et de fleurs.

203 — Deux grands Vases porcelaine céladon bleu empois, à dessins camaïeux bleu foncé.

204 — Deux Seaux à rafraîchir, grand modèle, porcelaine de Sèvres, pâte tendre, décorée de fleurs.

205 — Quatre Figures en biscuit : Bergers et Bergères.

206 — Deux autres Figures en biscuit, avec draperies et dentelles.

207 — Deux belles Figures en porcelaine de Saxe : Berger et Bergère. Fracturées.

208 — Deux Vases, Buissons de fleurs avec figurines d'Amours, porcelaine de Saxe.

209 — Un Sucrier, un Pot au lait et un Beurrier, porcelaine de Sèvres, pâte tendre, décorée de fleurs.

210 —. Un grand Vase potiche, porcelaine du Japon très belle qualité, décorée de fleurs rehaussées d'or et monté en bronze doré.

211 — Deux Vases forme tulipe, porcelaine tendre, fond vert à médaillons d'Amours et fleurs, et garnis en bronze doré.

212 — Grande Cassolette porcelaine du Japon, d'un beau décor; monture rocaille et bronze doré.

213 — Un Vase pot pourri, porcelaine du Japon, monture en bronze doré.

214 — Trois Figures en porcelaine de Saxe : une debout, deux assises. Un bras est cassé.

215 — Un Bol porcelaine du Japon décoré de fleurs, bordure à jour.

216 — Une Flûte traversière en porcelaine de Saxe, décorée de fleurs, avec son étui en velours rouge.

217 — Un beau Vase à couvercle, porcelaine du Japon, d'un beau décor, rehaussé d'or.

218 — Une potiche en porcelaine du Japon décorée de fleurs.

219 — Un Vase en porcelaine céladon rouge, flambée de bleu.

220 — Un Groupe en biscuit : Le Maître d'Ecole.

221 — Trois figures en biscuit avec draperies en dentelle.

222 — Quatre Figurines, porcelaine de Saxe : Enfants.

223 — Une petite Corbeille et un Vase, porcelaine de Saxe.

224 — Petit Déjeuner en porcelaine de Chine, composé de sept pièces : Théière, Sucrier, etc.

225 — Autre Déjeuner en porcelaine de Saxe, composé de neuf pièces décorées de fleurs.

226 — Un Vase de nuit, porcelaine de Sèvres, pâte tendre, dessins camaïeu bleu, et une Tasse en porcelaine à la Reine.

227 — Deux Assiettes en porcelaine de Chine, dessins européens.

VI. — FAIENCES DIVERSES.

228 — Cinq plats en faïence de Castello-Duranti, aux environs de Naples. Divers sujets.

229 — Quatre Plaques rondes dans des cadres en bois doré. Même fabrique.

230 — Neuf Plaques carrées de même fabrique : cinq sujets tirés de l'Histoire sainte, et les quatre parties du monde. Huit sont encadrées.

231 — Sept petites Assiettes en faïence italienne de diverses fabriques.

232 — Une grande Coupe décorée d'arabesques, faïence italienne du XVIe siècle.

233 — Deux vases pot pourri, avec oiseaux, en faïence flamande.

234 — Statue de saint François, faïence flamande, date de 1751.

235 — Deux grandes Cuvettes et trois Caisses à fleurs, faïence de Rouen, dessins bleus.

236 — Deux grands Vases fond blanc décoré de fleurs, les anses à serpents; fabrique allemande.

237 — Deux grands Vases à fleurs, faïence de Rouen, ornés de mascarons.

238 — Deux Vases en faïence, dont un forme gourde, fabrique de Nevers.

239 — Trois Pièces en faïence : un Plat, un Porte-bouteille et un Vase forme biberon, italien.

VII. — OBJETS DIVERS.

240 — Une grande Croix nacre de perle sculptée et coloriée. Ouvrage oriental.

241 — Petit modèle de Pièce d'artillerie de la marine. Bronze doré et acier.

242. — Une paire de Flambeaux en émail sur cuivre. Imitation de la fabrique de Limoges.

243 — Peinture italienne sur verre, représentant la Crèche ; travail du XVe siècle.

244 — Figure chinoise en pierre de lard.

245 —. Un Poignard oriental, lame en damas, la poignée et le fourreau émaillés en plein.

246 — Deux Carafes à liqueurs, un Plateau et neuf Petits verres, cristal de Bohême, ornements dorés.

249. —. Sept Bas-reliefs gothiques, représentant des sujets de sainteté en pierres peintes.

250 — Quatre jolis petits Cadres en bois sculpté et doré, du temps de Louis XV.

251 — Bas-relief ovale en marbre blanc, représentant un sujet mythologique, cadre en bois noir, moulure dorée.

252 — VASE EN TERRE, représentant un ours assis. Antiquité américaine d'une grande rareté.

253 — Six Salières et deux Tabatières en émail de Saxe.

254 — Bas-Relief en cuivre argenté et repoussé ; Judith présentant la tête d'Holopherne. Cadre en ébène et glaces.

255 — Dix Mosaïques romaines pour collier, et un Bracelet cornaline montée en argent, plus une Boîte en ivoire.

256 — Une Clef et une Pomme de canne en fer
ciselé, et deux Châtelaines en cuivre.

257 — Trente Camées-Coquille.

258 — Deux Statuettes de Saints en bois doré.

259 — Deux Boîtes et deux petits Panneaux en
laque du Japon.

260 — Deux petits Cartels porte-montre en marqueterie.

261 — Un lot de Panneaux et Frises en bois sculpté,
provenant de différents meubles du XVIᵉ siècle.

262 — Quatre grandes Figures chinoises : hommes
et femmes richement vêtus, en terre peinte.

263 — Deux Bas-reliefs en bois de style flamand,
scènes villageoises.

264 — Un Tamtam chinois, d'un timbre très-so-
nore.

265 — Deux Couteaux de chasse, un Pistolet.

266 — Quatre petits Bustes en bois doré.

267 — Une Boîte à jeu du temps de Louis XV, en
bois peint.

268 — Deux petites Figures chinoises, homme et
femme, en terre peinte, et un Ecran à peintures sur marbre.

269 — Plusieurs Figures de Saints en bois sculpté.

270 — Douze Pièces diverses, Verres et Cristaux.

271 — Deux Cornes de bœufs d'Italie, polies.

272 — Cinq petites Assiettes, sujets et ornements en relief. Deux en étain et trois en cuivre repoussé.

273 — Divers coupons d'Etoffes anciennes seront vendus par lots. Un lot de Tapis moquette.

274 — Plusieurs Cadres en bois doré, petits et grands.

275 — Sept Figures en ivoire. Christ et Vierge.

276 — Beau Christ en bois et une autre Figurine de sainte Madeleine.

277 — Trente-deux Boutons anciens en émail, sur cuivre.

278 — Huit Médaillons en porcelaine, Fleurs et Sujets.

279 — Deux petits Cadres en ébène, renfermant des miniatures provenant d'un reliquaire.

280 — Quatre Croix ornées de bas-reliefs à sujets, en plomb doré.

281 — Neuf Médaillons miniatures et autres.

282 — Trois Compotiers en cristal.

283 — Deux Vases en albâtre sculpté.

284 — Tête de mort en marbre blanc sculpté.

285 — Un Pied de Torchère en marqueterie de bois, du temps de Louis XIII.

286 — Deux Bustes en biscuit, dont celui de Pel-
letier de Saint-Fargeau.

287 — Beau Bas-relief en bois; Jésus et les petits
Enfants, cadre noir, ornements dorés.

288 — Une Epée en fer, pommeau et garde ciselés
du XVI⁰ siècle.

289 — Une paire de Flambeaux en cuivre argenté.

290 — Un Dévidoir en cuivre doré.

291 — Une Boîte à horloge en bois peint.

292 — Un Christ en bois, une Guitare, quatre
Verrières en tôle, une Boîte de pendule, quinze
Panneaux en bois verni.

293 — Deux Vases dorés, dont un carré en porcelaine bleue et or.

294 — Treize petits Cadres en bois, sculptés et
dorés.

295 — Huit petites Pièces; Piédestaux, Plaques et
Sucriers.

296 — Huit Assiettes de Tournay et deux Pièces
cassées.

297 — Quatre Socles en bois peint imitant le portor, deux petites Boîtes vernies et un Socle de
pendule en acajou.

298 — Une Colonne en marbre coquillé.

299 — Huit Cylindres et Cages, une petite Malle
en cuir.

300 — Un lot de Minéraux en filage d'agate et une Figurine en bronze.

301 — Deux petites Montres en acajou.

302 — Un lot de Colonnettes torses en bois, deux Mandragores, un Bénitier et un Bas-relief en cuivre repoussé, un autre petit Bas-relief en bronze et un lot d'anciens Boutons d'habits.

303 — Deux Bas-reliefs en bronze doré et biscuit, une Plaque en cuivre doré repoussé, une Boîte à thé en marqueterie de bois, deux Coqs en porcelaine de Chine.

304 — Un lot de débris de Cuivre dont la plupart doré.

305 — Douze Cadres en bois doré, carrés et ovales.

306 — Un lot de Figures et de Cadres pour miniatures.

307 — Huit Carrés en moquette.

308 — Deux Vases en porcelaine de Tournay forme tulipe, fond bleu de roi. Médaillons à figures, les pieds sont blancs.

309 — Une Glace ovale avec son cadre doré en bois.

310 — Un piédestal en marbre ovale.

311 — Un Tapis de pied.

312 — Un Perroquet avec son pied et une cage contenant divers oiseaux.

313 — Une Parure en pierres vertes avec Ecrin,
un Bouquet de dix Boutons de strass, deux
Boutons de chemise montés en argent.

314 — Une Broche en strass montée en argent,
une Clef de montre en or, un lot de vingt-cinq
Pierres communes.

315 — Quatorze Boutons de chemises divers, deux
petites plaques en nacre, un Jeu de loto,
deux Boîtes de Jetons à jeu de nacre, un Jeu
du fort.

316 — Deux Plaques en cuivre gravées, sujets re-
ligieux, une Boîte à quatre tiroirs en laque,
deux Poignées de poignards, deux petits Sujets
en terre cuite, un lot de Fleurs en Saxe.

317 — Vingt-quatre grands Rideaux en étoffe dite
d'Alger.

318 — Quatre Rideaux simples en soie rouge.

319 — Quatre grands Rideaux en damas jaune.

320 — Deux grands Rideaux en damas vert.

321 — Buste colossal d'Ajax en marbre blanc,
d'une exécution remarquable.

322 — Garniture de cinq Vases en porcelaine du
Japon (deux cornets et trois potiches).

323 — Très belle pendule uranographique à sphère mouvante, faite pour son Altesse Royale Monseigneur le prince de Condé, par Mabille, horloger de S. M. Louis XV en 1746 et connu du monde savant sous le nom de : *Sphère de Mabille.*

Cette Pendule qui a coûté 20 ans de travail et de combinaisons à son auteur, a près de trois pieds de hauteur. Elle est contenue dans une cage dorée d'or moulu, à jour, et à quatre faces ; elle a six cadrans et est surmontée d'une sphère céleste dont le mécanisme ingénieux laisse voir à découvert tous les rouages qui font mouvoir les colures, les signes du zodiaque, les astres, les planètes et l'équateur.

Tout dans cette pendule est combiné avec tant de précision et de régularité, au moyen d'un seul mouvement, que lorsqu'une aiguille fait deux fois le tour du cadran en une minute, d'autres ne le font qu'en trente jours ou en un an, puisqu'étant à doubles secondes, elle marque le temps vrai, le temps moyen, les jours du mois et de la semaine, l'année, les mois et les signes qui y correspondent, les phases de la lune et tous les jours écoulés depuis le 1er janvier, à quelle époque de l'année que l'on se trouve.

Cette pendule, qui n'a jamais cessé de marcher dans le moindre de ses détails depuis 90 ans, ne doit pas être confondue avec les joujoux plus ou moins ingénieux qui font défiler une procession pendant que midi sonne.

Nota. — Son admirable mécanisme et toute sa description sont détaillés dans les ouvrages d'horlogerie qui sont à la Bibliothèque impériale, et notamment dans le deuxième vol. d'un ouvrage intitulé :

« Histoire de la mesure du temps par les horlogers à » sphères mouvantes. » In-4, de l'imprimerie Didot en 1802.

La dite pendule fut présentée à l'Académie par Passement, inventeur des pendules à secondes, le 25 août 1749, et Mabille fut reçu mécanicien de la marine, membre de l'Institut de France et horloger de Louis XV et Louis XVI.

VIII. — TABLEAUX.

Ecole Italienne.

1 — PALME LE JEUNE. Sainte-Famille.

2 — SOLIMÈNE. La Présentation au temple.

3 — CARLE MARATTE. La Vierge et l'enfant Jésus.

4 — GENNARI. La Madeleine en prière.

5 PAUL VÉRONÈSE (Ecole de). Suzanne et les vieillards.

6 — TIEPOLO. Adoration des Rois.

7 — PIAZETTA. Une jeune femme tenant du gibier.

8 — ROSALBA (Ecole de la). Une jeune femme avec des colombes ; près d'elle l'Amour.

9 — CARRACHE. Saint-Jean à la fontaine.

10 — CORRÉGE (Ecole du). La Madeleine, tableau provenant de la galerie du cardinal Fesch.

11 — CORRÈGE (D'après). Jupiter et Antiope.

12 — DOMINIQUIN (Ecole du). Sainte Catherine.

13 — RIBÉRA (Genre de). Tête de saint Pierre.

14 — ESPAGNOLE (École). Deux tableaux de Fruits et Légumes.

15 — ECOLE VENITIENNE. Calypso et ses Nymphes.

16 — TITIEN (D'après). La nymphe Anadiomède.

17 — VIEUX MAITRES ITALIENS ET BYZANTINS. La Vierge, saint François, saint Jean, un panneau contenant plusieurs sujets ; cinq tableaux. Cet article sera divisé.

École Flamande et Hollandaise.

18 — SAVRY. Deux petits Paysages sur bois.

19 — SEGHERS (Attribué à). Vierge dans une couronne de fleurs.

20 — SAFTLEVEN (Attribué à H). Paysage.

21 — MIREVELT (Genre de). Portrait d'homme et Portrait de femme, avec armoirie et date de 1671.

22 — RUBENS (École de). La Madeleine au pied de la croix.

23 — BRAUER (Genre de). Un Joueur de violon, un Fumeur ; deux tableaux en pendants.

24 — FRANCK. Les Saintes Femmes au tombeau de Jésus. Sur cuivre.

25 — Saint François.

École Française.

36 — ÉCOLE FRANÇAISE. Portraits d'homme et femme sous Louis XV.

37 — FRANQUEBALME 1846. Une Odalisque.

38 — LAGRENÉE. La Vérité représentée par une femme nue tenant un miroir.

39 — LANCRET (Attribué à). Le Concert et la Conversation ; deux tableaux.

40 — PETIT, ÉLÈVE DE DEMARNE. Paysage composé et une Vue de Jouy. Deux grands tableaux.

41 — ÉCOLE FRANÇAISE. Portrait d'homme.

42 — MIGNARD (Ecole de). Mademoiselle Deshoulières.

43 — MADEMOISELLE GÉRARD. (Attribué à). Dans un intérieur de salon une jeune femme et son enfant.

44 — PRUDHON (D'après). Tête de Vierge.

45 — DUPRÉ. Jeune femme sortant du bain.

46 — ÉCOLE FRANÇAISE. Dame de la cour de Louis XIV.

47 — NATIER (Genre de). Dame de la cour de Louis XV.

48 — ÉCOLE FRANÇAISE. Fanchon la vielleuse.

49 — REVOIL. Sujet romain.

50 — WATTEAU DE LILLE. Portrait de la sœur de l'artiste.

51 — LEBRUN (École de). Cléopâtre.

52 — BOURGUIGNON. Une Bataille.

53 — RAOUX (Manière de). Portrait de femme voilée.

54 — GREUZE (Attribué à). Portrait d'homme en habit gris.

54 — LAGRENÉE. Femme nue sur un lit.

56 — École française. Portraits d'hommes et de femmes sous Louis XIV; trois tableaux. Cet article sera divisé.

57 — Jeune Garçon jouant avec des pigeons.

58 — Assomption de la Vierge, peint sur marbre.

59 — INCONNU. Quatre Paysages, et Vues de villes. — Dessus de porte dans leurs cadres en bois sculpté.

60 — Les onze mille Vierges.

61 — Vierge en pied dans une gloire; à ses pieds un ange.

62 — Deux petits Paysages.

63 — Deux Portraits du règne de Louis XIV.

64 — Têtes de Jésus et de la Vierge.

65 — La Nourrice, intérieur familier.

66 — Paysage, genre Locatelli.

67 — Deux Vues prises en Chine.

68 — Cinq petits tableaux. Paysages sur bois.

69 — Une Marine sur bois.

70 — La Vierge au tombeau du Christ.

71 — Paysage italien.

72 — Christ en croix. Ecole d'Italie.

DESSINS. PASTELS, MINIATURES
ET TABLEAUX DIVERS

73 — La Tricoteuse, pastel d'après Greuze.

74 — Portrait de femme avec un chapeau de paille, pastel.

75 — Un Sujet à la reconnaissance, pastel.

76 — Portrait de femme au pastel.

77 — Deux Portraits au pastel, d'après Grimou.

78 — Jeune Femme au pastel, d'après Boucher.

79 — Mars et Vénus, et Nymphes au bain, deux miniatures par Culembourg.

80 — Six Miniatures diverses.

81 — Six Miniatures, portraits de femmes.

82 — Quatre Miniatures, d'après Van-Dyck, et deux Gravures coloriées.

83 — Charles Ier, d'après Van-Dyck, dessin au crayon.

84 — Deux Gravures, d'après Lebrun et Watteau.

85 — Recueil de 24 Vues coloriées de l'Indoustan, par Daniel, in-fol, demi-rel.

86 — Deux dessus de portes sans cadres, Polyphême et Théocrite.

S7 — Un Tableau genre de Bouché, sans cadre, en mauvais état.

88 — Deux Tableaux, Suzanne au bain. Les cinq sens.

89 — Un Portrait de Sainte, manière de Montbarré.

90 — Un Portrait de femme, école française.

91 — Un Portrait de femme sans cadre.

92 — Une Descente de croix, tableau gothique.

93 — Une Scène d'intérieur, par Miel.

94 — Deux Portraits.

Maulde et Renou, Imprimeurs de la Compagnie des Commissaires-Priseurs, rue de Rivoli 114.